清流

安倍藁科ものがたり

玉かつま安倍島山の夕露に
旅寝えせめや長きこの夜を
（「万葉集」　読み人知らず）

人しれぬ思いするがのくににこそ
身を木がらしのもりは有りけれ
（「新後拾遺和歌集」　読み人知らず）

安倍川・藁科川流域マップ

静岡市北部への観光はドライブがお勧め。JR静岡駅から、武田信玄の隠し湯として有名な安倍川最上流の温泉街、梅ケ島までは、車で２時間弱。藁科川源流近くにある**福養の滝（大間の滝）**まで約１時間半、いずれも日帰りで往復できる。

梅ケ島から山梨県身延町に抜ける林道豊岡梅ケ島線の安倍峠（冬季は閉鎖）付近には、オオイタヤメイゲツの群生地として知られる安倍川の源流や、安倍の大滝をはじめとする「梅ケ島七滝」などがある。**梅ケ島新田温泉「黄金の湯」**に隣接する物産店では梅ケ島特産のシイタケや地元の人たちが丹精込めて作った梅干しなどが店頭に並ぶ。

県道29号線を梅ケ島の手前で右に曲がり、坂道を上れば、盆踊りとワサビで有名な有東木。地元の**農産物加工販売所「うつろぎ」**では、ワサビアイスクリームを味わえる。有東木の南に位置する平野の**「真富士の里」**でも、ボリューム満点のそば定食が食べられる。

平野の手前を左に曲がって井川湖御幸線（県道27号）を中河内川沿いに進めば玉川地区に出る。市営の**口坂本温泉**、スキー場の**リバウェル井川**、広大な森で森林浴が楽しめる屋外レクリエーション施設**「県民の森」**もこちらから。

藁科川源流近くの大間では、地元住民が自宅を開放し**「縁側お茶カフェ」**を開いている。山並みの向こうに駿河湾を遠望しながら一服しよう。藁科川支流の黒俣川沿いでは金つばやおでんを販売している**「きよさわ里の駅」**に立ち寄ろう。すぐ近くの常設相俣マス釣場ではバーベキューも楽しめる。

もう少し近場が希望なら、水見色川沿いにある**「水見色きらく市」**へ。川のせせらぎに耳をすませながら、猪肉を使った特製「猟師バーガー」に挑戦してみてはどうだろう。きらく市の先には、**「高山・市民の森」**がある。高山の池や安倍川や静岡市街を一望できる山頂をハイキングしよう。あるいは、安倍川中流にある鯨ケ池でのんびり釣りをするのも一考。

日帰り登山なら、安倍川流域唯一の2000メートル峰山伏へ。夏にはヤナギランが山頂一面に咲き誇る。ただし登山の準備は念入りに。マナーを守って初心者は経験者と一緒に登ろう。その他にも青笹山や十枚山、真富士山など、初心者向けの山が、安倍川、藁科川沿いには数多くある。

大井川上流の井川へは、JR静岡駅から車で片道約２時間半。玉川地区を抜ける井川湖御幸線と三ツ峰落合線、藁科川沿いを進む南アルプス公園線（県道60号）、および川根方面に抜ける国道362号を使う４ルートがある。井川では、**「南アルプス井川観光会館 えほんの郷」**や地元医師が建立した井川大仏などを見学しよう。刻々と湖水の色が変わる井川湖も美しい。

【問い合わせ先】

■**静岡観光コンベンション協会**　静岡市葵区追手町4-16　tel.054-254-2212
■**水見色きらく市**　静岡市葵区水見色808-1　tel.054-279-0766
■**真富士の里**　静岡市葵区平野1097-38　tel.054-293-2255
■**うつろぎ**　静岡市葵区有東木280-1　tel.054-298-2900
■**相俣常設マス釣場**　静岡市葵区相俣154-1　tel.054-295-3338
■**口坂本温泉**　静岡市葵区口坂本652　tel.054-297-2155
■**梅ケ島新田「黄金の湯」**　静岡市葵区梅ケ島5342-3　tel.054-269-2615
■**リバウェル井川**　静岡市葵区井川2629-190　tel.054-260-2316
■**県民の森**　静岡市葵区岩崎284　tel.054-260-2214
■**縁側緑茶カフェ（小桜義明さん）**　静岡市葵区大間133-39　tel.090-3386-7057
■**南アルプス井川観光会館 えほんの郷**　静岡市葵区井川964　tel.054-260-2377
■**静岡市山岳連盟**　静岡市駿河区八幡3-1　tel.054-288-7512
■**「オクシズ」**（静岡市中山間地総合情報サイト）
http://www.okushizuoka.jp/
■**「アットエス」**（静岡新聞社・静岡放送公式ホームページ）　http://www.at-s.com/
※工事や自然災害によって一部通行止めとなっている道路・歩道もあります。詳細は静岡市ホームページなどをご覧ください。

安倍川流域

山梨県との県境にある大谷嶺、八紘嶺、安倍峠を源流とする。豊かな伏流水をたたえながら駿河湾に注ぐ。２００８年に環境省が実施した調査で、「平成の名水百選」に選定された。梅ケ島や有東木などの上流域は、山梨県とのつながりが深いとされる。

藁科川流域

大間の七ツ峰などを源流とする全長約29キロの川。下流には、歌枕として有名な「木枯の森」がある。支流には、黒俣川、栃沢川、諸子沢川、水見色川、坂本川などがある。安倍川には河口から約5・5キロ地点で合流する。大井川上流域との文化的共通性が指摘されている。

【安倍川、藁科川歳時記】

1月／横沢神楽、清沢神楽、小河内ヒヨンドリ
2月／日向七草祭
3月／梅ケ島新田初午祭
4月／静岡浅間神社廿日会祭、有東木神楽
5月／清沢お茶感謝祭
6月／長熊水神祭り
7月／久能尾津島さん、洞慶院おかんじゃけ、小島タイナガシ
8月／有東木盆踊り、平野盆踊り、富厚里上げ灯篭、坂ノ上タイマツ
田代諏訪神社例大祭（ヤマメ祭り）
9月／夜っぴとい神楽（秋～冬）、羽鳥八幡神社祭典
10月／清沢神楽、有東木神楽
11月／井川もみじマラソン
12月／野田平送り神

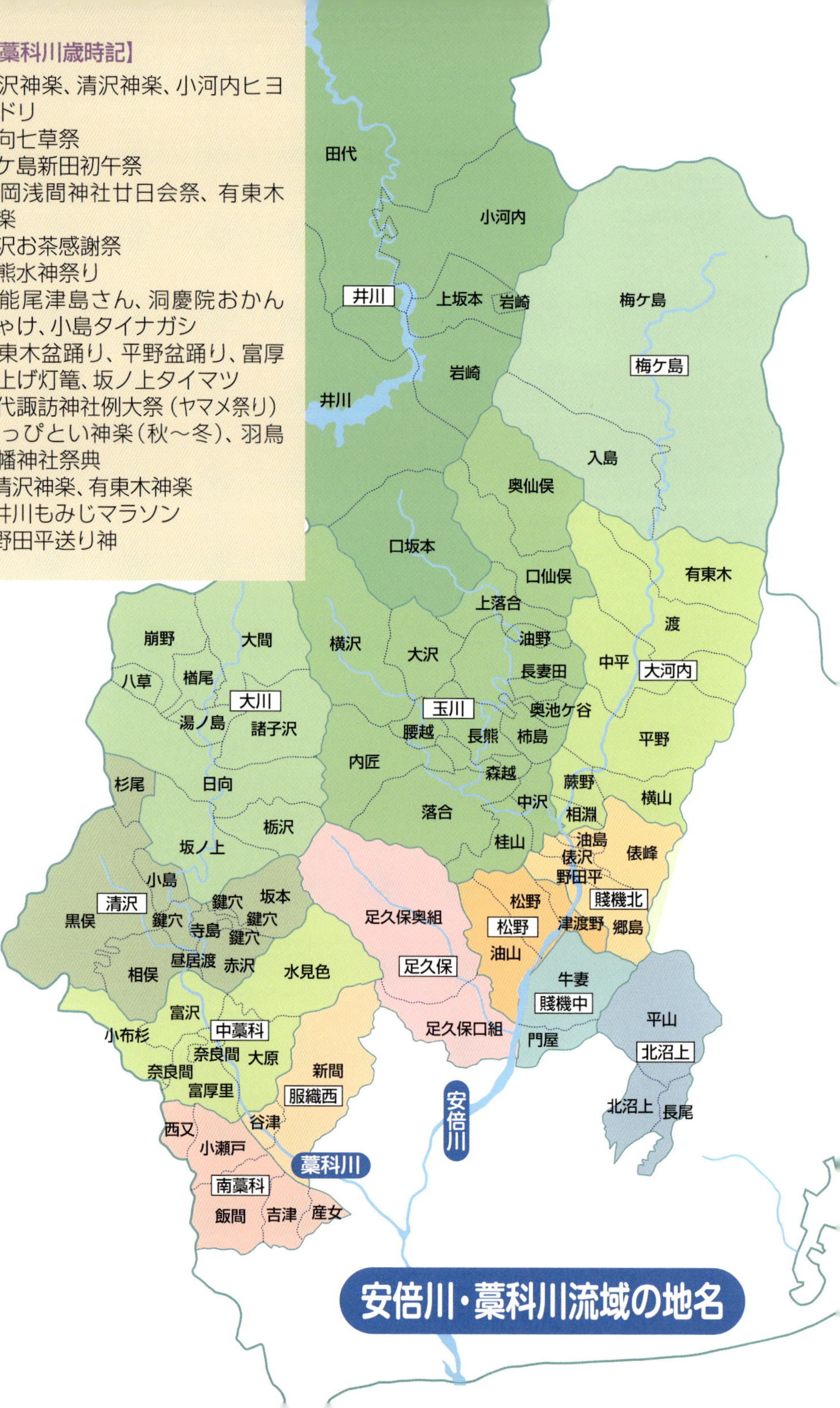

安倍藁科ものがたり

清流

はじめに

静岡市を流れる全長53・3キロの安倍川とその支流の藁科川、および同市北端の山間部にかかる大井川上流域には、神楽や盆踊り、田遊びなど、いにしえの芸能が数多く伝わっている。ソバやイノシシ料理など山間地の食文化や、林業や茶の栽培といった風土を生かした産業も受け継がれている。有東木のワサビや梅ケ島のシイタケ、井川の木製弁当箱「メンパ」など特産品もあり、手つかずの自然もそこかしこに残る。

一方、他地域の山村同様、過疎化と高齢化は深刻さを増している。人手が足りず存続の危機にひんしている伝統芸能もある。安価な外国産木材の輸入により林業は苦境に陥り、消費の低迷や後継者不足によって茶農家も減少している。医師不足や教育機関の統廃合など、社会生活の基盤そのものもゆらいでいる。しかしそういった逆境の中、地元住民は、行政、教育機関、地域内外の有志らと協力し、地域再生に取り組んでいる。

流域は2009年に静岡市との合併40周年を迎えた。静岡市は2010年度、10カ年の中山間地総合振興計画を開始し、山村生活を希望する家族への空家紹介や、インターネットを使った情報発信に取り組んでいる。

有東木芸能保存会は2009年から国の重要無形民俗文化財である盆踊りの参加者を、静岡市の市街地からも募り始めた。流域で活動する各神楽保存団体は2003年から徹夜で神楽を舞う祭典「夜っぴとい神楽」を協力して開催し、年々規模を拡大している。各地の農産物加工販売所では、特産品を生かしたオリジナル商品を開発し、地区の新たな名物として販売している。人々はいかに次世代に文化を伝え、自然を残そうとしているのか—。清流の今を訪ね歩く。

※本文中の肩書き、年齢等は新聞掲載時のもの

目次

第1章 「伝説の里」を訪ねて
「ご先祖さま」の言い伝え・「悲劇の武士」新たな語り部 14
坂本姫の顔洗い場・「愛郷の会」を結成 16
栃沢に残る名馬の逸話・地名、石に刻まれた「足跡」 18
中州に浮かぶ木枯の森・景勝地の「命名」めぐる謎 20
〝霊水〟が生んだ鯨ケ池・地域のシンボル、校歌にも 22

第2章 伝統芸能を守る〜春〜
日向の「七草祭り」・受け継がれる信心深さ 24
有東木「ひゃくまんべん」・無病息災へ巨大数珠回し 26
建穂「ズジャンコ舞」・継承者としての誇り胸に 28
梅ケ島新田の「初午祭」・地区住民総出の3日間 30
「清沢神楽の」伝承者・歴史の重み伝える笛の音 32

第3章 食の記憶
水見色のイノシシ料理・猟師が作る「皮の煮込み」 34
旧暦5月5日の「川原飯」・神棚に供えて健康祈願 36
「ヤマガ」の川魚料理・流域住民のタンパク源 38

桂山産粉の手打そば・顔ほころぶ「懐かしの味」 40
井川に伝わる雑穀菓子・昔ながら素朴な母の味 42

第4章　自然の恵み

梅ケ島の象徴安倍の大滝・落差85メートル別格の美しさ 44
伝説残る高山の池・動植物の宝庫「市民の森」 46
黒俣のヒイラギ・樹齢400年、先祖の「守り神」 48
水見色川のホタル・「光乱舞」町おこしに一役 50
登山家に人気の山伏・夏の山頂彩るヤナギラン 52

第5章　受け継がれる名産

俵峰の「峰の十字星」・「萎凋」売りのブランド茶 54
有東木のワサビ山・売り方工夫、活路見いだす 56
梅ケ島のシイタケ・歯応え、香り特徴 原木栽培 58
駿河竹千筋細工・素材自ら伐採山も保全 60
井川のメンパづくり・丈夫さで全国にファン 62

第6章　清流に祈る

長熊の水神祭り・「シカ」に石投げ水難防止 64
久能尾の「津島さん」・舟にキュウリ載せ暑気払い 66
富厚里の上げ灯篭・思いはぐくむ盆の火祭り 68

有東木の盆踊り・輪の中に〝天守閣の灯籠〟 70
田代諏訪神社例大祭・アワ詰めヤマメ寿司奉納 72

第7章　川沿いに残る言葉

カタツムリは「カサンドー」・虫の名近隣で微妙な違い 74
有東木と山梨のつながり・盆踊り歌詞にも地名登場 76
地名にもなった「ホツ」・抑揚少なく語尾伸びる特徴 78
林業現場に「おかめ」あり・徐々に消えゆく仕事言葉 80
落葉樹「サカヤノムスメ」・甘い香り、白い肌が由来？ 82

第8章　活路を求めて

安倍川源流ツアー・森、水の大切さ学ぶ機会に 84
井川の焼き畑農業・「途絶えた文化」復活へ 86
玉川小の「そば祭り」・地域の食文化児童が継承 88
新たな清沢名物づくり・「レモンの郷」へ地域一丸 90
「夜っぴとい神楽」・伝統存続へ他地区と連携 92

「ご先祖さま」の言い伝え

「悲劇の武士」新たな語り部

静岡市葵区の北部、安倍川支流中河内川沿いの集落「上落合」。沢の水音が心地よい茶畑脇の石段の先に、その墓はあった。戦国時代に甲斐・武田の軍勢として活躍した「安倍七騎」の一人、大石五郎右衛門（1543～85年）が眠るとされる。

高齢の住民は五郎右衛門を「ご先祖さま」と敬い、今も墓には献花が絶えない。「悲劇の英雄として伝え聞いている。ただ、詳しいことはよく知らない」。住民の三田介彦さん(75)はそう話す。

2007年に小説「安倍七騎」を自費出版した浅羽克典さん(44)＝焼津市＝は難しかった取材を「やっと話を聞けた古老も、間もなく亡くなった」と振り返る。「このままでは言い伝えが地域から消えてしまう」。そんな思いに突き

大石五郎右衛門の墓の前にたたずむ浅羽さん＝静岡市葵区上落合

動かされ、出版を決意した。

五郎右衛門は、義兄で上落合に隣接する柿島を根城とした領主朝倉在重に反して上落合の住民に味方したため、在重の策略で命を落とす。ところが死後、柿島は相次ぐ凶事に見舞われ、朝倉家でも早世が続いた。「たたり」と恐れた朝倉家と上落合の住民は、毎年旧暦の7月7日に五郎右衛門の魂を静める盆行事「施餓鬼《せがき》」を始めた。施餓鬼は今も、毎年8月上旬の日曜日、上落合公民館で行われている。

浅羽さんは小説の出版後、講演や安倍川流域の文化を愛好する「安倍奥の会」などを通じて、五郎右衛門の伝説を紹介している。「よそ者ですが外からの語り部として、少しでも五郎右衛門ら安倍七騎の伝説を世に広めたい」。浅羽さんは、静かな口ぶりで決意を語った。

坂本姫の顔洗い場

住民が「愛郷の会」を結成

山あいの、のどかな景色が広がる静岡市葵区坂本。藁科川の支流・坂本川沿いの集落を離れ、雑木林の獣道《けものみち》を歩く。200メートルほど分け入ったところに、水を満たした直径60センチほどのくぼみがあった。

池とも水たまりともつかない。「ここが坂本姫の顔洗い場。数年前までは落ちた枝や枯れ葉に埋もれていた」。地元の農家山田唯夫さん（79）はくぼみに近づいて、伝説を語り始めた。

坂本姫は平安末期、都から落ち延びた「米沢官女」と「坂ノ上ノ何某《なにがし》」との間に生まれたとされる。近くには姫の「腰掛け石」と呼ばれる石もある。

一帯を整備したのは2008年2月。小説「安倍七騎」の著者浅羽克典さん（44）＝焼津市＝の講演に刺激され、山田さんら地域住民が記念碑などを立てた。

くぼみをきれいにしたら、次第に水がたまり始めた。

2009年1月には、住民組織「坂本愛郷の会」が発足した。山田さんは会長に就いた。

「私自身、坂本姫が地名の由来になったという程度の言い伝えしか頭になかった。地域の歴史を後世に、大切に伝えていきたい」。山田さんは浅羽さんとの出会いや会の活動を通じて、そんな思いが強くなった。顔洗い場や腰掛け石などの由来を書いた看板や歩道の整備を進められないか、検討を続けている。

安倍郡清沢村誌によると、坂本姫は天下に名をはせた五郎丸という勇士と結ばれた。2人の間に生まれた男児が静岡茶の始祖として知られる聖一国師と記されている。

坂本姫の顔洗い場の場所を説明する愛郷の会のメンバー＝静岡市葵区坂本

栃沢に残る名馬の逸話
地名、石に刻まれた「足跡」

「この石の話は地元の人しか知らんでね」。藁科川水系で、大川学区に位置する集落、静岡市葵区栃沢。住民の一人、米沢清さん（78）は少し得意げに語り始めた。

「名馬『磨墨《するすみ》』の足跡です」。米沢さんの指の先には幅が約2メートルはある灰褐色の石があった。目立ったくぼみが3カ所ほど。

磨墨は黒毛の名馬の代名詞。まつわる伝説は全国各地に残る。名馬の産地として知られた栃沢にも、静岡茶の始祖とたたえられる聖一国師の祖母に当たる「米沢官女」が、源頼朝に磨墨を献上したという話が伝わる。

栃沢の集落を東西に貫く一本道。県道205号沿いの子安神社入り口脇に「トビガミ」と呼ばれる場所がある。磨墨はそこからひとつ飛び。脇を流れる栃沢

川を越え、着地した150メートル先の山の石に足跡を残した―。米沢さんはそんな逸話を確かめるように、石のくぼみをさすった。
米沢さんの本家に当たる栃沢の米沢家には、石垣とナンテンの垣根に囲まれた「磨墨の厩跡《うまや》」が残る。長い時代を経てこけむした石垣が、「磨墨伝説」に説得力を持たせる。周辺には磨墨が水浴びをしたとされる「大間(お馬)が滝」や、磨墨の馬具の鍵を隠したとの説もある「鍵穴」など、ゆかりある地名も残る。
「足跡」が残る石は1980年代後半の道路工事の際、一部が削り取られた。「石の大きさは3分の2になったけど、磨墨の言い伝えは、栃沢の財産として残していきたいね」。米沢さんは、しんみりと話した。

磨墨の足跡が残るとされる市道脇の石と米沢さん
＝静岡市葵区栃沢

中州に浮かぶ木枯の森

景勝地の「命名」めぐる謎

古木がうっそうと茂る森の石段を上がると、正面に古びた社が現れた。藁科川下流の中州に浮かぶ「木枯《こがらし》の森」(静岡市葵区羽鳥)。平安の歌人・能因《のういん》が和歌の解説書に駿河の国の歌枕と紹介し、その名は全国へと広まった。奈良、平安の時代に全国に整備された道路「伝路」のルートにも含まれていた。森は長く地域や旅人を見守る神聖な場所だった。

「遮るものなく森に吹き付ける北風に趣を感じた旅人たちの間で、木枯の森という風流な名前が自然発生的に生まれたのではないだろうか」。地元の郷土史愛好家青島祥介さん(68)は名前のいわれをそう推測する。ただ、諸説あって、定かでない。

命名を巡る一つの伝説がある。大昔、藁科川上流の村に大杉の木霊《こだま》に取りつ

木枯の森の歴史を説明する青島さん＝静岡市葵区羽鳥の藁科川

かれた娘がいた。嘆き悲しんだ父親は杉舟に娘を乗せて、川に流した。母親は泣き焦がれた。たらいに乗って後を追い、下流の島に衝突死した。島は「焦がれ死」の森と呼ばれるようになり、後に「こがらし」に転じた―。「藁科紀行　自然と歴史を訪ねて」（筧博克著）に詳しく記されている。

青島さんは森の歴史をまとめようと、昨年から地元の年配者に聞き取りを重ね、図書館で古文書も調べ始めた。「ライフワークとして、木枯の森をはじめ、藁科地域に残る太古からの歴史や自然を少しでも伝えられればうれしい」と笑みを浮かべた。

〝霊水〟が生んだ鯨ケ池
地域のシンボル、校歌にも

「鯨《くじら》がすんでいたと聞いたことはありませんがね、この池にはいろいろな言い伝えがあるんですよ」。静岡市葵区下の「鯨ケ池」。地元の元市議、池ケ谷恒雄さん（80）は、冗談交じりに語り出した。

町内会が2年前に発行した郷土誌「私達《わたしたち》のふる里」にはこう記述されている。『奈良時代、今の池の近くに鯨の形に似た丘があった。ある日、丘から潮を噴くように霊水が噴き出した』。池の出現で「鯨ケ池と呼ぶようになったそうです」。

池の大きさは現在、4～5ヘクタール。深さは2メートルほどで、渡り鳥や水生生物の貴重な住処《すみか》になっている。池ケ谷さんが子どものころは盛んに湧《わ》き水が出て、夏には子どもたちが水遊びにたわむれたという。

さまざまな伝説が残る鯨ケ池。渡り鳥や水生生物のすみかにもなっている＝静岡市葵区下

こんな伝説も残る。安倍川右岸、高山の古池にすむ牛（竜との説も）が長者の娘に恋をした。娘はやせ細った。怒った長者は古池に焼け石を投げ込んだ。牛が直線で6キロメートル余り離れた鯨ケ池に逃げ込むと、池のすべての魚が片目になった―。

ほかにも、徳川家康が池の水の清らかさを気に入り、駿府城の堀に引いたとの言い伝えや大正天皇がカモ狩りに訪れた記録も残る。鯨ケ池は、エピソードの宝庫だ。

地域の歴史を顕彰する市北部図書館友の会の小泉啓子会長は「鯨ケ池は地域のシンボル」と自慢げに語る。〈鯨が池に映すもの　吾等　賤機中学に　息吹輝く〉―。地元にある市立賤機中の校歌の歌詞にも郷土の誇りとして登場し、生徒たちが大切に歌い継いでいる。

日向の「七草祭り」
受け継がれる 信心深さ

2月20日の夕方、祭りの始まりを告げる花火が、四方から山々が迫る集落に鳴り響いた。江戸時代以前から続く日向《ひなた》（静岡市葵区）の「七草祭り」。藁科川沿いの福田寺《ふくでんじ》に毎年旧暦の1月7日、地域住民が集って、その年の豊作を願う。

裃《かみしも》姿の舞役6人が、本堂の前に設けた高さ1メートルほどの「踊り台」に上がった。竹を掲げて円陣を組む。神様を迎え入れる儀式。続いて、馬役と山鳥役の子どもが2人ずつ円陣の中に入り、頭を前後に揺らしながらゆっくりと内側を3周した。

馬役を初めて務めた市立大川小2年の佐藤一海君（8）は「1カ月間の練習の成果を見てもらえてうれしかった。来年も演じたい」と笑顔を見せた。一時、子どもが足りなくなり、大人が代役を務めたこともあった。近年は、地区の子

神前への供え物を背負って登場する道化＝静岡市葵区日向の福田寺

どもの数が若干ながら増え、小学生が演じる本来の姿に戻っている。

夜のとばりが下りてなお、祭りは続いた。「浜行き」「若魚」と呼ばれる道化が登場する。魚や野菜の模型、約30キロ離れた駿河区の大浜海岸から運んだ海水「潮花《しおばな》」を神前に供える。潮花を踊り台や境内にまき、清める。この所作を2度繰り返した後、祭詞の『数え文《かぞえもん》』が踊り台で読み上げられ、祭りの幕が下りた。午後9時すぎだった。

数え文は代々、地域の代表者が読み上げる習わし。義祖父が読み手だった太鼓役の佐藤敦さん(52)は「義祖父は1カ月間、『四つ足(肉食)断ち』して祭りに臨んだ」と、その信心深さを振り返る。「義祖父をはじめ先人が伝えてきた伝統を後世に残したい」。佐藤さんの表情が引き締まった。

有東木「ひゃくまんべん」
無病息災へ巨大数珠回し

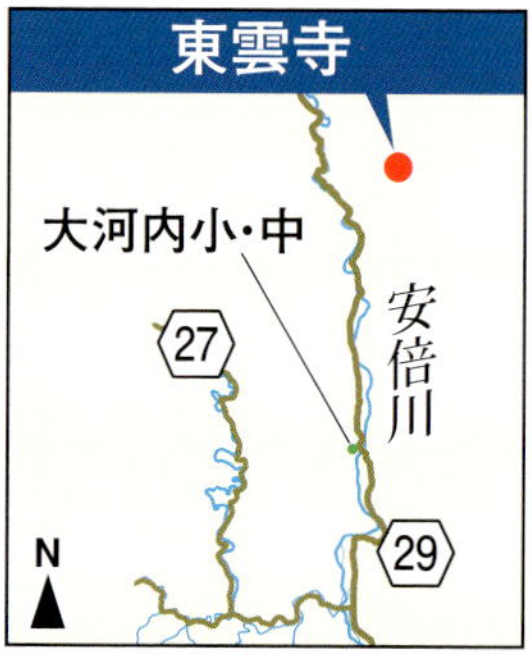

体の芯まで凍るような、冷たい雨が降った。安倍川中流、静岡市葵区有東木の東雲寺《とううんじ》。静寂を突き破り、力強い念仏が響いた。「なーぶつ、なーぶつ、なんまいだー、なんまいだ」―。2月1日の昼すぎ、拝殿で住民約40人が声を上げた。

全員で一連の巨大な数珠を握っていた。輪の大きさは30メートル余り。一つ一つの玉はテニスボール大。大きなものはちょうどソフトボールぐらいある。時計回りに数珠をぐるぐると回す。山本浩雄住職（81）の読経をかき消してしまうほどの大声で念仏を唱えた。30分以上続いた。

「ひゃくまんべんという行事。数珠を回しながらみんなで無病息災を祈ります」（山本住職）。同地区の「小正月」（旧暦の正月）に当たる日とお盆（旧暦

時期の8月16日の年2回。数百年前から続いているという。

住民は部屋を移動する際など、決して数珠をまたがない。持ち上げてくぐる。数珠を神聖視している。「ひゃくまんべんを大切に守っていきたい」。そんな思いがにじみ出る。

この地には、小正月にヌルデの木を小刀で加工して「削り花」や「ダイノコ」と呼ばれる飾りを作る習わしも残る。自宅の神棚や地元の寺社などに飾る。

「子どもの数が減って途絶えた行事もあるが、有東木のよい風習はできるだけ、子や孫に伝えていきたいね」。毎年、欠かさずに作るというお茶農家宮原壮平さん(77)は、器用に小刀を動かしながら、そう語った。

巨大な数珠を手に念仏を唱える住民たち＝静岡市葵区有東木の東雲寺

建穂「ズジャンコ舞」
継承者としての誇り胸に

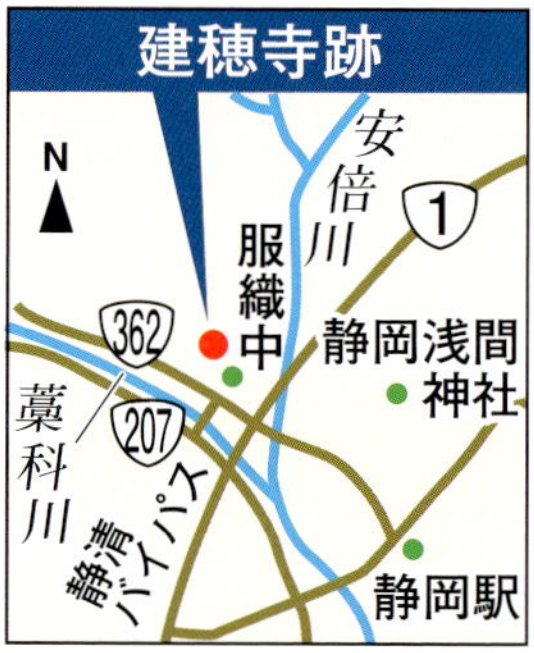

腰をかがめ、ひざ下で半円を描くように足を運ぶ。両手を突き上げる独特なリズム。「これが『ズジャンコ舞』です」。洞口清さん（85）＝静岡市葵区建穂《たきょう》＝は踊りを披露した後、にこやかに話した。

「本番は老夫婦のお面を着けて、手には男性器を模した『ほこ』を持ちます。踊り終われば汗でびっしょりですよ」

ズジャンコ舞は、静岡浅間神社（同区宮ケ崎町）の「廿日会祭《はつかえさい》」（4月1～5日）の最終日に奉納される「稚児舞楽《ぶがく》」の演目の一つ。子どもたちの舞に大人が加わる唯一の出し物だ。老夫婦を演じる大人2人が、太鼓と笛の軽快な旋律に合わせて舞台に現れる。中央で華やかに舞う稚児の動きをまねるが、うまくできない。

軽快な太鼓と笛の旋律に合わせて踊る「ズジャンコ舞」
＝2009年4月5日、静岡市葵区宮ケ崎町の静岡浅間神社（同神社提供）

洞口さんの解説によると、江戸時代初期、徳川家康が建穂の「建穂寺」で目にした舞を大変気に入って、浅間神社に毎年奉納させたのが始まり。廿日会祭の稚児舞楽の演目はいずれも、建穂寺に起源があるという。明治時代に廃寺になり、地元での奉納はなくなった。それでも今もなお、ズジャンコは、建穂の住民だけが舞役を務める伝統が守られている。

20代から55年間踊ってきた洞口さんは、「腰がつらい」と80歳で現役を引退した。長男の清則さん（56）が引き継いでいる。「（廿日会祭の）稚児舞発祥の地。先祖代々の伝統を私たちの世代で絶やすわけにはいきません」。洞口さん親子の静かな語り口に、継承者としての誇りがのぞく。

梅ケ島新田の「初午祭」
地区住民総出の３日間

　獅子やひょっとこ、おかめの面を着けて仮装した5人の男たち。太鼓や鈴の音に合わせて地区の家々を訪ねて練り歩くと、子どもたちが怖がりながら後を追った。

　静岡市葵区梅ケ島新田の「初午祭《はつうまさい》」。２日目の本日《ほんび》を迎えた3月13日、新田稲荷神社での神楽に続いて「チキドン」が繰り広げられていた。仮装した集団は家に上がり込み、踊りながら各部屋を巡っておはらいをする。

　祭りは江戸時代に始まった。毎年、初午前後の３日間に行われてきた。今年は3月12から14日だった。「正月に(故郷に)帰らなくても、初午は戻ってこい」。そんな言葉があるほど地元に根付いている。

　地区では毎年、祭りの集会場になる「当屋《とうや》」を選ぶ。今年は杉山昌之さん

「当屋」の杉山さん宅前で太鼓に合わせて踊る「チキドン」＝静岡市葵区梅ケ島

（69）宅が5年ぶりに選ばれた。座敷のテーブルには手打ちそばや五目ずし、マグロの刺し身、日本酒などが所狭しと並んだ。

住民や帰省客、50人ほどが入れ代わり立ち代わり訪れる。「そばは約12キロ用意しました」。昌之さんの妻節子さん（64）がさらりと言ってのける。昌之さんも「大変といえば大変だけど、何でもないといえば何でもない」と涼しい顔だ。

祭りの締めくくりは14日の「オリビラキ」。普段着のまま神楽を舞って神を送り返す儀式が厳かに繰り広げられた。夜には住民総出の慰労会「ザンバライ」で地区の結束をあらためて確かめ合った。

清沢神楽の伝承者
歴史の重み伝える笛の音

北沢勝磨さん

豊かな旋律が、山あいの里に響き渡った。藁科川の流れのように剛柔が入り交じる。「清沢神楽」の指導者、北沢勝磨さん(58)＝静岡市葵区黒俣＝が横笛で、この神楽の代表的な曲「藁科拍子《ひょうし》」を奏でていた。

前半ゆったりと流れていた曲調が、徐々に速く力強くなっていく。笛の名手として知られる北沢さんは「この優雅さが清沢神楽の笛の特徴」と説明し、少し誇らしげに顔をほころばせた。

清沢神楽は毎年10月、黒俣の峰山子《ね》之《の》神社など、近隣の複数の神社の祭りで舞われてきた。起源は江戸の世にさかのぼる。

北沢さんは12歳から30代前半にかけて、複数の師匠に付いて清沢神楽の笛、楽曲、舞、作法などを習得した。「年を重ねるごとに奥深さを知らされる。笛

「夜っぴとい神楽」で保存会のメンバーと共に「金丸」を演じる北沢さん（右）
＝2009年11月22日、静岡市葵区黒俣の市立峰山小（北沢さん提供）

が太鼓や踊りとピタッと合った瞬間、笛を吹きながら涙があふれることもある」

北沢さんは、約20人いる清沢神楽保存会の会員に舞や笛を伝授している。近隣の祭りにも出向いて神楽を披露する。昨年11月には市立峰山小で開かれた「夜っぴとい神楽」にも出演した。

ただ、舞と舞の間に行う神事の作法などの「極意」は、1人か2人にしか伝えない。全員に教えてしまうことで、「神楽の扱いがぞんざいになる」と危惧《きぐ》するからだ。「そこが難しいところだね」。北沢さんの表情には〝伝承者〟としての責任感がにじみ出ていた。

水見色のイノシシ料理
猟師が作る「皮の煮込み」

約3センチ四方のひらひらした薄切りの豆腐のような一片をはしでつまんで、口に入れた。ゼリーのような食感。かみしめると、しょうゆの香ばしさが鼻に抜ける。ほんのり甘い皮下脂肪がじわりと口中に広がる。思ったほど生臭くない―。

しょうゆとみりん、砂糖で味付けしたイノシシの皮の煮込み。静岡市葵区水見色の主に猟師の家庭で、酒のさかなとして食されてきた。

地区の農産物加工販売所「水見色きらく市」が、4月11日に開いた「春の祭り」。イノシシ肉を使ったハンバーガーや炊き込みご飯、ショウガ焼きなどと一緒に、このイノシシの皮の煮込みが提供された。地区の男衆が2頭分、約6キロを鍋で煮込んだ。皮の調理は男衆の仕事だ。

一片の厚さは、約1～2センチ。その中に3センチを超えるものもある。イノシシの脇腹にできる「寝だこ」の部分だと、男衆の一人に教えられた。

「猟師だった父が自分でさばいて酒のつまみにしていた。子ども心に自分もご相伴にあずかるのがとても楽しみでね」。地区の農家鈴木静夫さん(67)は鍋をかき混ぜながら、小さいころの思い出を語った。

肉と違って、調理に手間が掛かる。毛の付いた表皮をむいたり、柔らかくなるまで3時間近く煮込んだり。その皮も、最近は捨てられることが多い。鈴木さんは、狩猟免許を持つ近所の人たちから皮を譲り受けて、年に数回調理する。

「イノシシ料理のおいしさをもっと知ってほしい。ビタミンやコラーゲンがたっぷり。美容にもいいんだ」。そう解説しながら、珍しそうにながめる客に、「ぜひ食べな」と地元の〝珍味〟を差し出した。

イノシシの皮を鍋で煮込む鈴木さん(右)＝静岡市葵区の「水見色きらく会」

旧暦5月5日の「川原飯」
神棚に供えて健康祈願

入り口のガラス戸を強い雨がたたいた。静岡市葵区平野の地場産品直売所「真富士の里」は、4月下旬とは思えない肌寒さだった。地元のお年寄りの女性3人が、山菜ご飯をほうの葉でおにぎり大に包む作業を繰り返していた。

安倍川や藁科川上流域ではかつて、旧暦の5月5日に「川原飯」と呼ばれる行事が盛んだった。河川敷に自宅の釜を持ち出して、一家そろって煮炊きして食べていた。途絶えた行事を数十年ぶりに再現してもらった。

「男の子は元気に育って、家を大切に守ってほしい。そんな願いが込められていたんだよ」。地元の老人会役員を務める山下たつさん(88)が行事の由来をそう説明する。当時は少しだけ家に持ち帰り、神棚に供えていた。

出来たてをほお張ると、地元で採れたタケノコやワラビなど、春の山菜の豊

川原飯を再現する山下さん（中央）ら＝静岡市葵区平野の真富士の里

かな風味が口中に広がる。

8キロほど上流部の同区有東木地区には、川原飯の名残をとどめる行事がある。地元の白鳥恒雄さん（81）は「毎年5月の老人会は、白飯をほうの葉に包んでみんなで食べる。味付けは特にない。白あえなどがおかず」と話す。

端午の節句（旧暦の5月5日）は農耕生活との結びつきも強い。古くは女性を中心とした祭りだった。田植えが始まるこの時期、田の神の奉仕者、早乙女となる女性たちが川原飯を作り、各家の神棚に供えていたという。常葉学園大の非常勤講師富山昭さん（67）は「神聖な供物だから、わざわざ外のかまどの火で炊いたようです」と解説する。真富士の里には、採れたての野菜やよもぎまんじゅう、かしわもちなど、地元の自慢の一品が豊富に並ぶ。「川原飯を復活させてここに置くのも面白いかもしれないね」。山下さんはそう言って目を細めた。

「ヤマガ」の川魚料理
流域住民のタンパク源

藁科川支流の黒俣川から朝釣り上げたばかり。4匹のマスをくしに刺して、じっくり炭火で焼く。鍋の中では甘露煮のアマゴ16匹が、しょうゆと酒とみりんで煮込まれて黒光りしていた。

バーベキュー場も兼ねる静岡市葵区の「常設相俣マス釣場」で4月中旬、安倍藁科川漁協職員の小林勝司さん（58）＝同区富厚里＝が川魚を調理していた。

マスやアマゴ、アユ―。安倍川や藁科川、その支流で捕れる川魚は、流域住民にとって古くから最も身近な食材だった。炭火で焼くと余分な水分や油が落ちて風味豊かになる。小林さんは「甘露煮は軟らかくて頭から食べられる」とほおを緩めた。

「昔は天然のアユやヤマメ、ウナギが釣れた。そりゃあおいしいっけね。小

マスを焼く小林さん（右）とアマゴの甘露煮が入った鍋を手にする永野さん
＝4月中旬、静岡市葵区の常設相俣ます釣場

学生のころ、ひい祖父に連れられて藁科川に竹ざおを持って通ったよ」。同漁協理事で釣場委員長の永野銀作さん（72）＝同区富沢＝は当時を懐かしむ。

春から初秋に釣った川魚で、食べ切れなかった分は冬用の保存食にした。いろりでじっくり焼いた川魚を、10匹ずつわらで縛って、風通しの良い屋内に干した。「100匹以上アユをつるした年もあった」。干した川魚は茶がらを入れた湯で軟らかくなるまで煮て戻し、甘露煮にして食べた。正月には昆布巻きにもした。

「冷蔵庫も無かったし、刺し身も手に入らなかった。『ヤマガ（山間地）』では、貴重なタンパク源だった」。永野さんは、黒俣川の澄んだ流れを見詰め、「川の恵みに感謝する気持ちを忘れちゃいけないね」とつぶやいた。

桂山産粉の手打そば
顔ほころぶ「懐かしの味」

10月に入ると、山のあちこちに白い花が咲いた。杉やヒノキを切った後、みんなソバの実（種）をまいた。学校から帰って、母親が石うすをひいている音が聞こえたら、「今夜は食べられる」って、うれしくなった―。

静岡市葵区桂山。ここで生まれ育った農業漆畑芳昌さん（82）は周囲の山を見渡しながら、子どものころの記憶をたどった。１９５５年（昭和30年）ごろまで、集落の多くの家がソバを作っていた。

10年ほど前から、自分と親族の畑でソバを育てている。広さは２５００平方メートル余りという。桂山でこれほどの規模で作る農家は、漆畑さん1人。8月末に種をまくと、10月末で収穫できる。1カ月ほど干して、脱穀、製粉して、近所の十数軒に1キロずつ配る。市街地などからソバの花を見に来て漆畑さん

漆畑さん（左から３人目）が作ったそば粉で調理する近所の女性たち。「懐かしい味」に全員の顔がほころぶ＝静岡市葵区桂山

と知り合った人が、粉を買いに来るようになった。

4月下旬、粉を譲り受けている近所の女性たちが漆畑さんの畑の脇の小屋に集まった。そばを打った。そば粉と小麦粉の割合は9対1。慣れた手つきで生地を切り、まきでたいた釜でゆでた。「田舎の味よ」と器に盛られためんは、太く短めで不ぞろいだ。はしを運ぶと口中に香りが満ちる。思わずほおが緩んだ。

「桂山のソバを残したいと思った。ほかの地区からも人が来て、欲しいと言ってくれる。作るのは楽しいだよ」。漆畑さんは目を細めた。その傍らで望月鈴代さん(69)が、「毎年、年越しにはこのソバで、懐かしい味を思い出せるのよ」と言葉を継いだ。

昔ながら　素朴な母の味

井川に伝わる雑穀菓子

ピンク色のホモロコシ（タカキビ）の粉を水で溶いてこねて丸める。これに煮戻した干し柿の果肉と煮汁で甘みをつけた「げんこつもち」。黄色いコウボウキビ（シコクビエ）の粉と上新粉をこね合わせて作った皮で粒あんを包み、焼き上げた「焼きもち」。どちらも静岡市葵区井川に伝わる雑穀を使ったもち菓子だ。

「げんこつもちは普通サツマイモで甘みをつけるけど、わたしは井川産の干し柿を使います。一工夫加えているんですよ」。農産物加工所「おっかちゃんの味」をこの地区の自宅で運営する主婦の遠藤弘子さん（70）は、棒状に延ばしたげんこつもちを、約2センチの長さに切り分けながら説明した。作ったげんこつもちや焼きもちは、街中にある農産物販売店「北部じまん市」（同区北番町）などに出品している。

「げんこつもち」や「焼きもち」を作る遠藤さん（右）と長倉さん（中央）、望月さん＝静岡市葵区井川の「おっかちゃんの味」

「（雑穀の菓子は）母親が手の空いた雨の日に作ってくれた」。近隣の主婦望月紀子さん（70）も、焼きもち用の皮であんを包みながら思い出を語った。

南アルプスの山懐に抱かれた井川は平地が少ない。寒さも厳しい。江戸時代から、焼き畑で栽培できるアワやヒエ、ソバなどの雑穀を米の代わりに主食にした。「子供のころはヒエやアワにカボチャやサツマイモを混ぜた『ヘー（ヒエ）ボッター』や『アワボッター』をよく食べた」。同地区の主婦長倉うた子さん（72）は振り返る。

雑穀菓子の種類も多い。げんこつもち、焼きもちのほか、ヒエの粉と柿の皮を混ぜた「握り粉」、キビで作る「ぼたもち」などもある。

「井川に伝わる雑穀料理や雑穀菓子の素朴な味わいを伝えていきたいんです」。遠藤さんは、地域の食文化への思いを込めて、げんこつもちにきな粉をまぶした。

梅ケ島の象徴　安倍の大滝
落差85メートル　別格の美しさ

梅ケ島温泉の〝玄関口〟にある温泉旅館「よしとみ荘」（静岡市葵区梅ケ島）脇のつり橋を渡って、「安倍の大滝」に向かう。よしとみ荘の主人望月定良さん（59）の案内で6月初旬、木漏れ日が降り注ぐ奥大井県立自然公園内の土を踏み締め、安倍川源流の三河内川沿いに約1・2キロの山道を登った。

約30分かけてたどり着くと、新緑の向こう側から、雄大な滝がごう音をとどろかせながら姿を現した。安倍の大滝の別名は「乙女の滝」。間近で見ると「肉食系女子」のような迫力だった。水しぶきを体全体に浴びた。

梅ケ島には、安倍の大滝のほか赤水の滝、三段の滝、鯉ケ滝、藤代の滝、宝月の滝、温泉湯滝などの名瀑《ばく》があり、「梅ケ島七滝」と称されている。「中でも安倍の大滝の美しさは別格」。自然公園指導員として、周辺を巡回して、環境

保全活動を行ってきた望月さんは、長年連れ添った愛妻のように滝を語る。

安倍の大滝は1990年に「日本の滝百選」に選ばれた。サカサ川と奥大《おくおお》光山《ぴっかりさん》を流れる砥石沢《といしざわ》が合流し、約85メートル下の滝つぼに落ちる。ただ、滝つぼは5年ほど前に崩れた岩で、2分の1以上が埋まってしまった。

帰り道、望月さんはつり橋を注意して渡りながら「滝は梅ケ島温泉のシンボル。今後も優雅な姿を保ち続けてほしい。自分もできる限り、保護を続けていきたい」と願いを込めた。

目の前を流れ落ちる安倍の大滝について説明する望月さん＝静岡市葵区梅ケ島

伝説残る　高山の池
動植物の宝庫「市民の森」

高山・市民の森（静岡市葵区）にある「高山の池」。土地の長者の娘に恋をした牛（竜との説も）が棲《す》んでいたという伝説の池。

「雨乞いの池」としても知られる。15年ほど前には住民が、近隣の寺の住職を呼んで雨乞いの神事をした。「この池の水の色を見て天気を占ったことから、ふもとの地名が『水見色』になったという説もある」。管理組合長の杉山藤乙さん（69）＝同区水見色＝はそう解説する。

森は2007年、市が整備した。水見色地区と隣の新間地区の住民約40人が管理組合を組織して、施設の管理と森の育成・保護に当たる。

市民団体などと共に3年間に植えた樹木は在来種を中心に93種。「春には桜、夏にはコアジサイ、秋にはイロハモミジ、冬にはキツネノカミソリなどが観賞

「高山の池」でミズバショウの葉に産み付けられたモリアオガエルの卵を指し示す杉山さん（右）＝静岡市葵区の高山・市民の森

できる。サシバなどの渡り鳥や、長距離移動することで有名なチョウのアサギマダラも飛来する」。杉山さんは森に生息する動植物の名前を次々に挙げた。

森に足を踏み入れた6月初旬、池に浮かぶミズバショウの葉の裏や池の上の杉の枝に、直径約10センチ～20センチの泡の固まりを見つけた。10個近くの泡の中にはそれぞれ、モリアオガエルが数百個の卵を産み付けているはずだ。

安倍川支流の足久保川や内牧川の水源でもある森は市内の小学生の自然学習の場としても活用されている。学習展示施設「森の恵」には、林業や森の生態系に関する資料が展示され、山頂にはオニヤンマのヤゴの入った水槽が置いてある。

「100年後を想像して森林を育てています。みんなに愛される場所にしたい」。子どもや孫に地元に残る自然の大切さを伝えるため、杉山さんたちは森を守っている。

黒俣のヒイラギ
樹齢400年、先祖の「守り神」

幹の表面にびっしりと生えたコケや短い草―。約4メートルの太い幹の周囲が樹齢400年とも言われる木の歴史を物語る。県の天然記念物の指定を受けている静岡市葵区黒俣のヒイラギ。藁科川支流の黒俣川にそそぐ氷川源流付近にあり、同じく県の天然記念物のオオイチョウとともに黒俣を代表する大木だ。

「わが家の宝物。木を見て遠い先祖を思う」。ヒイラギを所有する北沢福雄さん(86)は、高さ約10メートルの大木をゆっくりと見上げた。

「ヒイラギは魔よけになる」。子供のころ、節分の日にはとげのあるヒイラギの葉が玄関に置かれた。ヒイラギは「厄や病気を追い払う」と信じていた。

ヒイラギが立っている土地には以前、北沢家の墓があった。「先祖がお墓の守り神として植えたんじゃないかな」。そう推測している。墓は130年ほど

前に近くにある地区の墓地に移された。ヒイラギの近くには、ここに埋葬されていた先祖の供養の意味を込めて石塔が置かれている。
ヒイラギは5年ほど前から少しずつ枯れ始めた。北沢さんは県、管理者の市と話し合い、枯れた部分の切除を業者に依頼した。残っている枝は全体の半分ほど。北沢さんの口癖は「木を次の世代に残すのが役目」。このヒイラギから新たなヒイラギを育てる「2世計画」も考えている。「今後も土地に眠る先祖を見ていてもらわないと…」。大木をじっと眺めながら思いを語った。

樹齢400年とも言われるヒイラギ。「北沢家の宝物」と見上げる北沢さん
＝静岡市葵区黒俣

水見色川のホタル
「光乱舞」町おこしに一役

藁科川の支流。水見色川上流は、静岡市内で今でもゲンジボタルが多く生息する地域として知られる。6月下旬のある晩、地元で生まれ育った佐藤哲郎さん(80)＝同市葵区水見色＝の案内で、ホタル狩りに出掛けた。

「夜8時ごろ来てください。9時ごろまでが一番出るから」。新茶をごちそうになりながら、子供のころの「ホタルの思い出」を聞いた。

「ちょうど茶摘みのこの時期。昔は手伝いの若い娘さんが志太郡の方から住み込みで大勢来てね。手を引かれて川へホタルを見に行ったっけ」

機械化が進んで手伝いの娘さんは今は来ないが、ホタルは幼いころの記憶を呼び起こす。「ホタルが家の中に入って、煙突から抜けると火事になると言った。子供ながら必死で追い出したよ」

飛び交うホタル＝静岡市葵区水見色の水見色川（多重露光で撮影）

実は水見色川のホタルも、農薬などでめっきり減った。川沿いの家でも家の中にまで入ってくることは少なくなった。

そんな中、地域有志がホタルを町おこしに利用しようと取り組みを始めた。「ホタルを大切にしよう」という意識を広く芽生えさせている。

バス会社と協力して6年前から毎年開いている「ホタル鑑賞会」は、大人気イベントに成長した。地元の主婦らが夜店を出したり、子供たちに沢ガニを無料で配る。今年は雨で中止になったが、定員250人の予約はいっぱいだった。

「もっと（ホタルが）増えるといいけどねえ」。黄緑色の淡い光を追いながら、佐藤さんは目を細めた。

登山家に人気の山伏

夏の山頂彩るヤナギラン

県内外の登山家に愛される山伏《やんぶし》は、安倍川流域唯一の2千メートル峰。静岡市葵区と山梨県早川町にまたがる標高2014メートルの山頂を目指して6月下旬、静岡市山岳連盟元常任理事の片山充孝さん(61)＝同市葵区＝の背中を追った。片山さんは市内の登山道の整備やパトロールを10年以上続けてきた。安倍川流域の山への造詣がとりわけ深い。

山の西側、同区井川の「県民の森」近くの登山口から登山道に入った。前日の雨でぬかるんだ道には、シカの足跡がいくつも残っていた。「大きさが違うから、きっと親子連れの足跡。滑ったようにも見える」と片山さんが分析した。

扇形に斜面が崩落している「扇ノ崩《おうぎのくずれ》」や築30年以上の山小屋の脇を通り、1時間弱で頂上にたどり着いた。ササの原っぱの中に自然に立ち枯れた木々が

山伏山頂で景色を眺める片山さん＝静岡市葵区

点在している。紫の花を8月に咲かせるヤナギランが、保護柵に守られ芽吹いていた。柵はシカの食害と繁殖力の強いササの侵食を避けるため、２００７年に市が設置した。

曇天のため眺めは悪かったが、晴天なら富士山や南アルプスが見渡せる。しかし数年前、展望をさえぎる樹木１００本以上が、何者かによって無断で伐採されたり、枯らされたりして、大問題になった。

「眺めを良くするために、木を勝手に伐採するのは明確なルール違反。展望はつくるのではなく見つけるもの」。チェーンソーで切られた切り株をなでながら、片山さんは「自然への敬意を忘れてはいけない」と訴えた。

俵峰の「峰の十字星」
「萎凋」売りのブランド茶

新茶シーズン真っただ中の5月下旬、静岡市葵区俵峰の茶農家山崎栄さん（54）が自宅茶工場の床に、刈り採ったばかりのヤブキタの生葉を広げた。葉をしおれさせ微発酵を促す萎《い》凋《ちょう》の工程はここから始まる。約15時間寝かせ、その間に2〜3回かき混ぜる。

「均一に発酵が進むよう、丁寧にかき混ぜるのにこつがいる」。山崎さんはそう言いながら腰をかがめ、両手で茶葉をかき混ぜた。中はしっとりと温かい。発酵している証しだ。萎凋すると、甘い香りが生じて、風味も増す。

県内の製茶問屋有志でつくる緑新会（石川周次会長）と山崎さんら俵峰の茶農家4軒が2009年に共同開発した「峰の十字星」。この萎凋を売り物にして、新ブランドとしての定着を図る。

自宅茶工場で生葉をかき混ぜる山崎さん＝静岡市葵区俵峰

昔は山腹の茶畑とふもとの茶工場を徒歩で往復していたという。自然とかごの中で茶葉が発酵していたという。それが〝山のお茶〟の特徴だった。しかし、機械化や移動手段の発達によって作業が効率化されると、萎凋による香りと風味の変化は「癖」として敬遠されるようになった。「峰の十字星」はあえてその「癖」を「個性」としてとらえ直した。

眼下に安倍川を望む俵峰の茶畑も今年3月末の凍霜害の打撃を受けた。それでも「峰の十字星」用の茶葉の出荷量は、昨年の1200キロから1500キロに増えた。参加茶農家も4軒から6軒になった。

「地区には後継者不足などで荒廃してしまった茶畑も多い。『峰の十字星』が軌道に乗って、地区全体が潤ってほしい」。山崎さんらは、このプロジェクトに全力を注いでいる。

有東木のワサビ山
売り方工夫、活路見いだす

静岡市葵区有東木の佛谷山（標高１５０３メートル）山腹に「ワサビ山」と呼ばれる一大ワサビ田がある。安倍川支流の有東木沢水源付近に２００段以上のワサビ田が連なっている。

この地区のワサビ農家望月義弘さん(52)に案内されて作業用の簡易モノレールに乗った。急こう配の斜面を最上段まで登った。流れ落ちるわき水に靴を浸しながら見下ろすと、新緑よりもさらに鮮やかな緑色のワサビ田が、眼下に広がっていた。

「他の産地と比較して標高が高い。年間を通じて12度前後の低水温で育つ有東木産ワサビは、肉質が固くて辛みと粘りは抜群」。望月さんは自慢する。

江戸時代初期、このワサビ山付近に自生していたワサビを、有東木中心部の

井戸《いど》頭《がしら》に移植したのが、日本のワサビ栽培の始まりとされる。

望月さんによると、1980年代のバブル期、有東木産ワサビは高級品として飛ぶように売れ、県境を越えて山梨県側までワサビ田があった。

ところが、バブル崩壊後、値段は急落した。そこで、地元の農産物加工販売所「うつろぎ」でワサビ入りアイスクリームの販売を始めた。ワサビ農家は工夫を凝らして、活路を見いだしてきた。望月さんも2004年、他の農家と「有東木こだわり倶楽部《くらぶ》」を設立し、インターネットなどを活用して全国のすし店や料亭にワサビを直販している。

「今季は冬から春先に雨が多く、わき水の量も十分だった。良いワサビが採れそうだ」。作業場で後継ぎの長男佑真さん(25)らと、一本一本丁寧に茎を切りそろえながら、望月さんは白い歯を見せた。

ワサビ山で知り合いの農家と話し合う望月さん(右)＝静岡市葵区有東木

梅ケ島のシイタケ
歯応え、香り特徴　原木栽培

黒い日よけを載せたビニールハウスに木漏れ日が降り注いでいた。静岡市葵区梅ケ島の望月しいたけ園。ハウス内に整然と並ぶクヌギのほだ木から、シイタケが力強く生えている。酷暑が続く7月下旬、代表の望月英希さん(32)は、太い軸をつかんでボキッともぎ取った。「アワビのような歯応えと鼻に抜ける香りが特徴だよ」

江戸時代、伊豆・天城の山守がワサビの苗を入手するため、安倍川流域の有東木を訪れた際、近隣にシイタケ栽培を伝授したという説がある。安倍川最上流部の梅ケ島地区では1953年ごろから販売目的の栽培が始まり、現在は4軒の農家が市内中心に出荷している。

全国の市場に出回る生シイタケの8割は、おがくずなどで作った人工培地に

ビニールハウスの中で、シイタケのほだ木の様子を見て回る望月さん(右)
＝静岡市葵区梅ケ島の望月しいたけ園

菌を植え付け、数カ月で収穫する菌床栽培。一方、梅ケ島の4軒はいずれも、原木にシイタケの菌を接種した「ほだ木」を使う原木栽培を続ける。収穫まで1年かかるが、シイタケ本来の風味が醸成される。

望月さんは「自然に頼る原木栽培にとって、ここは最適の環境」と胸を張る。梅ケ島は夏でも最高気温31度、最低気温17度程度と涼しく、昼夜の気温差が激しい。雨量に恵まれ、年間を通して湿度が高いという。

地域自慢のシイタケの栽培過程を体験しながら学んでもらいたい。そう考えた望月さんは昨年まで、市立梅ケ島小の児童に菌の植え付けや管理、収穫の仕方を教えてきた。今年から別の農家が引き継いだ。「シイタケを食べて梅ケ島を思い出し、感じてほしい。嫌いな人にも手に取ってもらえるような、衝撃が走るほどおいしいキノコを作りたい」

駿河竹千筋細工
素材自ら伐採　山も保全

幅1センチ、長さ40センチ。厚さはわずか1・2ミリ―。小刀を使って、薄く、細長く割った竹に、今度は幅1・2ミリずつ、均等に切り込みを入れた。竹の弾力を利用して手で左右に「くじく（曲げる）」と、どんどん切り込みが深まる。先端を削ってとがらせた後、完全に分離させた。「シュッ、シュッ」と軽快な音を響かせながら鉄製の円形の穴に3回通すと、直径1ミリの細い竹ひごが8本できた。これが「駿河竹千筋細工」の重要な材料になる。

「竹は縦の繊維のつながりが強い。だから細いひごができる。でも、繊維間のつながりが弱いので筋に沿って切らないと、ささくれてしまう。そこが木材と違って難しい」。ちくだい工房（静岡市葵区柳町）5代目当主で、経済産業省が認定する伝統工芸士の大村俊一さん（53）は、竹に囲まれた作業場で7月

中旬、そう解説した。

花かごや照明のかさなどを作る。2002年からは安倍川、藁科川沿いの竹林で自ら竹を伐採し、竹細工の素材にしてきた。地権者の許可を得て、毎年約200本を切り出している。「里山保全のボランティア活動に参加したのがきっかけ。放置竹林の減少にもつながり一石二鳥」

伐採した竹は煮沸して、1～2カ月間天日で乾燥させた後、加工する。淡竹《はちく》と真竹《またけ》は、竹ひごやかごの底に使う竹網、孟宗竹《もうそうちく》は枠に利用する。

「一から十まで自分で加工すると、より思い入れのある作品ができる。繊細で優美な竹細工を作り続けたい」。大村さんは、はにかみながらそう〝宣言〟した。

円形の穴に通して竹ひごを作る大村さん＝静岡市葵区柳町のちくだい工房

井川のメンパづくり
丈夫さで全国にファン

「木鼻」「木殺し」「塗り」—。井川メンパづくりには48の工程がある。それぞれ伝統的な名称で呼ばれる。「メンパ」とは、山仕事で使う弁当箱。海野周一さん(61)は、旧安倍6カ村の一つで、発祥の地の静岡市葵区井川（旧井川村）に住んで、井川メンパづくりを続けるただ1人の職人だ。

全国に数多くのメンパがある中、井川メンパはその丈夫さがファンを離さない。生漆と砥《と》の粉を混ぜた「さび漆」を傷付きやすいヒノキ材のふちに塗る「錆《さび》」の工程はほかにない。

大学を卒業して就職した東京の電気設備会社を脱サラしたのは28歳の時。少なくとも5代続く家業を継いだ。当時、新聞やテレビで「跡継ぎができた」と取り上げられたが、「内心では、何か新しいものを作ることしか考えていなかった」という。

　それから30年余り。自宅前の6畳ほどの作業場にただ独り座り続けた今、そんな考えはさらさらない。メンパの材料は、薄いヒノキの板とつなぎ目を留める山桜の皮だけ。それだけに奥が深い。「いまだに心から気に入ったものができない」とため息をつく姿は、1人の「芸術家」そのものだ。

　メンパは漢字で「面輪」と書く。一説には、漆で塗られた弁当箱の円形の底をのぞき込むと、自分の顔がはっきりと映ることに由来するとされる。

　「ただひたすら、何も考えずにメンパを作るだけ」。30年間、自らの技と向き合ってきた「芸術家」は、自分に言い聞かせるようにそう話した。漆で真っ黒に染まった指先の動きを止めることはなかった。

自宅前の作業場で黙々とメンパを作る海野さん＝静岡市葵区井川

長熊の水神祭り

「シカ」に石投げ水難防止

15メートルほど先の向こう岸。水際の大きな岩の上に置かれたカヤ製の「シカ」(全長約80センチ、高さ約60センチ）に、長熊地区（静岡市葵区）の住民約30人が、河原の石を次々と投げつけた。うまく当たればシカは岩から転げ落ち、安倍川支流の中河内川の流れにのみ込まれる。しかし、今年は岩の上に倒れてしまった。仕方なく、1人がひざまで水に漬かって対岸に渡り、シカを抱えて川に投げ込んだ。

長熊町内会長の望月彦男さん(62)によると、シカが川に落ちる確率はおよそ8割。投げ釣りのようにして、釣り針でシカを引っかけて落とすこともあるという。

「長熊水神祭り」。中河内川の「三口《さぐち》」と呼ばれる場所で、毎年6月中旬に行

対岸のカヤ製のシカに河原の石を投げる地区の住民
＝静岡市葵区長熊の中河内川

われる。山から切り出して、上流部から流した材木をこの場所で一度河原に引き上げ、いかだに組み直して下流に送る。１９５０年代までは日々、この場所でそんな光景が繰り返された。水難事故防止。住民の祈りが水神祭りの形になった。

「昔は本物のシカをいけにえにして、弓で矢を射ったらしい。自分が子どものころはもうカヤで作ってたけどね」。望月さんは狩猟文化の名残についても解説した。

５年ほど前までは、祭り終了後そのまま、茶の収穫と田植え作業を慰労するため「野上《のあが》がり」と称する団体旅行にも出掛けた。流域で盛んな狩猟、林業、農業という三つの産業の伝統が、この祭りに詰まっている。

「長熊の歴史を伝える祭りを、これからも守っていかないと」。望月さんは、夏の日の光が反射する川の流れをじっと見詰めた。

久能尾の「津島さん」
舟にキュウリ載せ暑気払い

ヒグラシの鳴き声が山々にこだまする7月下旬の夕暮れ時、藁科川支流。黒俣川に注ぐ氷川にかかる久能尾橋（静岡市葵区黒俣）のたもとに、地区の男性約15人が集まってきた。久能尾町内会長の梶山明男さん（62）が作った全長約70センチ、幅約30センチの小舟の帆柱に、ろうそくを立てて火をともす。舟底にキュウリを1人1本ずつ載せた。

「津島さん」「ナガシダイ」などと呼ばれるこの行事には、暑気払いの効用があると信じられている。津島神社（愛知県津島市）の「尾張津島天王祭」が江戸時代に伝わったとされる。

男性たちはこの後、地区の公民館前に集まって、お神酒を飲んでキュウリを食べた。「津島神社の祭りでは、キュウリを決して食べない。でも久能尾では、

氷川に浮かぶ小舟にろうそくをともし、キュウリを載せる地区の住民＝静岡市葵区黒俣

なぜか食べるんだ」。そう言いながら、梶山さんもぽりぽりかじった。

夜には、同地区の盤龍寺で、境内にある首のない地蔵に新しい袈裟《けさ》をかけ直す「地蔵尊大祭」も行われた。地元の人が「お地蔵さん」と呼ぶこの祭りには「津島さん」に参加しない地域の女性や子どもも顔をそろえた。同寺の阿部義典住職（81）によれば、無病息災を願って100年近く続く行事という。

「お地蔵さん」が午後9時すぎに終わると、小舟を下流に流すため、数人がもう一度橋の下に下りた。ろうそくに再び火をともし、橋につながっていたひもを切り離すと、暗闇の中、小舟がゆっくり流れ出した。下流に消えていく小舟を見送りながら「今年はうまく流れたねえ。きっといいことあるよ」と一人がつぶやいた。

富厚里の上げ灯篭

思いはぐくむ盆の火祭り

静岡市葵区の藁科川中流にかかる富厚里橋のたもとの河原に、大きな2本の灯篭《とうろう》が立てられた。8月中旬の夜、住民が針金でくくり付けたたいまつを足元でぐるぐる回し、先端にあるカヤ製のかごに放り込むと、まばゆい光を放って燃え上がった。

富厚里地区で約50年前から続くお盆供養の火祭り「上げ灯篭」。先祖の迎え火、送り火の代わりとして盛んになり、周辺地区にも広まった。「うちが元祖」と胸を張るのは、町内会長の杉山隆さん(62)。少子高齢化や人口減という山間集落特有の悩みを抱えるが、「富厚里の一大イベント。ここ出身の多くの人が毎夏、祭りを楽しみにして帰ってくる。ちっとやそっとじゃやめられない」と思い入れも強い。

富厚里地区の盆供養の火祭り「上げ灯篭」。竹の先端に付けたかごを目掛けて、たいまつが放り込まれた＝静岡市葵区富厚里

地元有志が6年前、上げ灯篭保存会（佐藤敏夫会長）を発足させた。上げ灯篭に古くから親しむ60～80代の約20人が指南役として、準備から本番までを切り盛りする。

メンバーが用意した灯篭は、子ども用7メートルと大人用9メートルが1本ずつ。それぞれかごの中に花火やかんなくず、豆殻など燃えやすい物を大量に仕込む。火の粉が音を立てて激しく飛び散るように工夫が凝らしてある。一番最初にたいまつをかごの中に入れた人は表彰される。子どもも大人も競い合いだ。

灯篭のかごが燃え尽きるまでは約30分。周りで家族連れやお年寄りは肩を寄せ合ったり、合掌して祈ったり。思い思いの時を過ごす。きれいに焼け落ちた灯篭の下で、佐藤会長は「地域の伝統を絶やしたくない。やり方を若い世代にしっかり伝えていかなきゃね」と力を込めた。

有東木の盆踊り
輪の中に〝天守閣の灯籠〟

「くるりとござれ、くるりとござれ、こきりこ踊りを見せ申す」―。浴衣の袖を揺らしながら舞う女性たちの輪の中心で、宮原みよさん（88）ら60～80代の女性師匠6人が交代で歌い上げる。5層の天守閣をかたどった飾り灯籠《どうろう》を掲げた白鳥知男さん（69）が、くるくる回転しながら輪の中に入ってきた。灯籠の飾りが、ちょうちんの明かりに反射して、きらめいた。

有東木の盆踊りは、8月14、15日の2日間、東雲寺（静岡市葵区有東木）の境内で行われる。初日は昨年に続いて、市の中心部から希望者約30人がゲスト参加した。「今年は踊りの輪が二重になった。にぎやかでよかった」。有東木芸能保存会長の望月幹雄さん（70）は満面の笑みを浮かべた。

2日目は、従来通り地元住民だけで踊った。男踊り10曲と女踊り15曲。木と

歌い手と飾り灯籠を中心に女踊りを舞う女性参加者たち
＝静岡市葵区有東木の東雲寺

竹をこすり合わせて音を鳴らす「コキリコ」や紙のふさがついた竹製の「ササラ」、扇子などの小道具を手に約5時間舞い続けた。

午後11時すぎ、最後の「なぎなた踊り」が終わると、灯籠を先頭に、参加者は寺から続く坂道を50メートルほど下った。曲がり角で、ササラや灯籠の飾りを燃やし、先祖を送る「送り出し」を営んだ。かつては16日にも、先祖を送るため、地区を流れて安倍川に注ぐ有東木沢へ、各家庭の盆飾りを流す風習があったという。

「ご先祖さまがまた遠くへ行ってしまった。踊りが終わると、そんなさみしさを覚えるんだ」。望月さんは、顔を炎に照らされながら、しんみりと語った。

田代諏訪神社例大祭

アワ詰めヤマメ寿司奉納

滝浪宏文宮司（39）の自宅裏の祈祷場《きとうば》前で、宮司と今年の当番に当たる地区の男性5人が、塩漬けのヤマメ40匹の腹と口に、炊きたてのアワを詰めた。滝浪宮司は、和紙のマスクで口を覆い、男性たちはサカキの葉を口にくわえている。サカキの木々に囲まれた「結界」の中、「ヤマメ寿司《ずし》」作りは、終始無言で行われた。

静岡市葵区田代の田代諏訪神社で8月26、27日に催される「田代諏訪神社例大祭」（ヤマメ祭り）前日の光景だ。豊作豊漁を祈願し、江戸時代後半から開催されてきた。

ヤマメはこの月の20日、大井川支流の沢「明神谷」で釣り上げた。その場で内臓を取り除き、3本の雑木で組み立てた高さ約2メートルの三角すいの神座

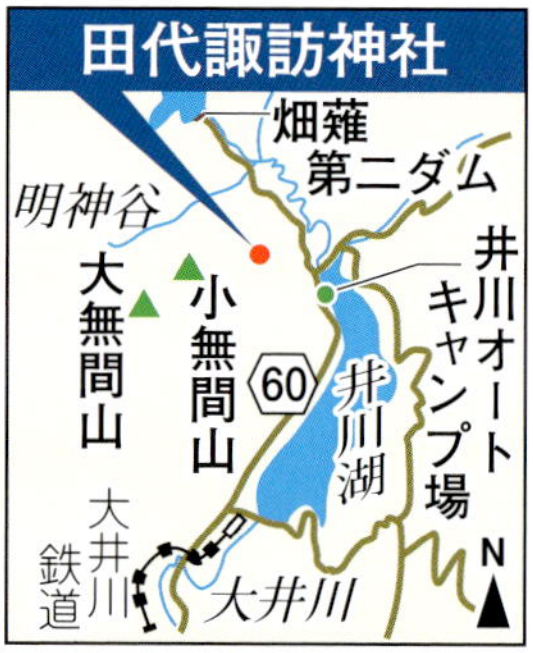

ヤマメ寿司を作る滝浪宮司(右)と当番の男性たち=静岡市葵区田代

「カークラ」にシナノキの皮のひもでつるした後、塩漬けにした。この神事を「魚釣り祭り《うおつりまつ》」と呼ぶ。

「釣ったヤマメの数が多いと、例大祭中の参拝者が多い。20日に雨が降ると、例大祭でも雨が降る」。滝浪宮司の祖父で名誉宮司の滝浪文人さん(93)が、祭りの言い伝えを語った。

今年は20日の魚釣り祭りも、26、27日の例大祭も快晴だった。参拝者も100人を超えた。

ヤマメ寿司40本のうち25本は例大祭で神社に奉納された。祭りが終わると残りの15本と合わせて各戸に配られ、塩焼きやお茶漬けの具として食された。

「住民総出で準備するこの祭りには、地区の結束を確認する意味もある。地区全体で協力し合って続けていきたい」。ヤマメ寿司の詰まったたるを神社に運びながら滝浪宮司は力を込めた。

カタツムリは「カサンドー」
虫の名 近隣で微妙な違い

「カタツムリは『カサンドー』か『デンデンムシ』って言った。小さいころ、よく捕まえた」「『ヒキンバンバー（ヒキガエル）』も池で捕ったっけな」

安倍川沿い、静岡市葵区平野の少林院で、松山裕道住職（81）が山本昭治さん（81）ら近所の幼なじみと、子どものころの〝虫捕り〟の話に花を咲かせた。

1982年に出版された中條修編「静岡方言の研究」（吉見書店）によると、安倍川や藁科川上流ではカタツムリを「カサンドー」、下流では「カサパッチ」「カサパッチマイマイ」と呼んだ。平野は〝カサンドー圏〟に入るため、松山住職も山本さんも「カサパッチ」という呼び名は知らなかった。

平野から安倍川沿いを約2キロ北上した渡《ど》出身の三浦博さん（80）が、「ナメクジは『ナメクジラ』、カエルは『キャール』だ」と解説した。すると、平野

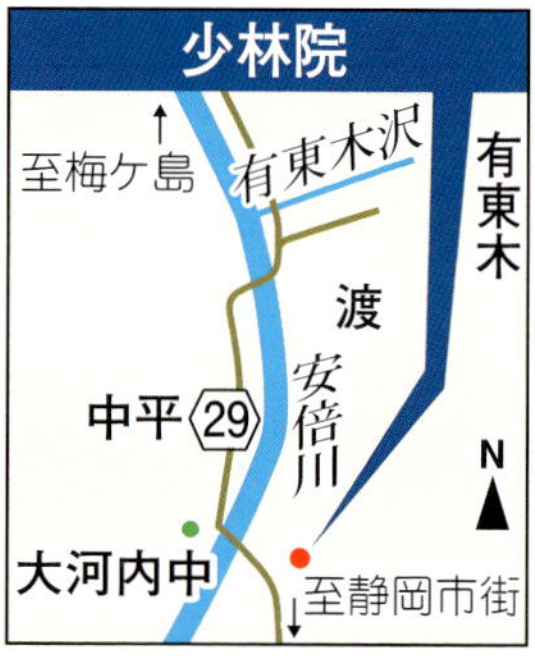

「カサンドー」を手にする松山住職
＝静岡市葵区平野の少林院

生き物の呼び名例
（静岡市葵区平野地区）

アリ＝アリンドー
大ミミズ＝ナ(ン)マリドー
ゴキブリ＝ゲジ
チョウ＝チョンメ
トカゲ＝トッカゲ
ミミズ＝メメズ

生まれの山本さんが「そうは言わなかったなあ」と異を唱えた。近隣の地区でも、微妙に違いがある。

『ションニャー（仕方がない）』『ホウキャ（そうか）』など、渡地区は『ニャー言葉』が強い」と三浦さんが説明した。「キャール」は、北原白秋作詞の「ちゃっきり節」の歌詞にも「キャールが鳴くんて（鳴くので）雨ずらよ」と記されている。

松山住職によれば、平野の話し言葉は、テレビが普及した昭和30年代以降、急速に標準語化した。「戦前育ちの我々は、ガキ大将にくっついて、川や池に遊びに行って言葉を覚えた。今はそういう遊びをしなくなったね」。住職はしんみりと、幼少期を懐かしんだ。

有東木と山梨のつながり

盆踊り歌詞にも地名登場

静岡市葵区の有東木には、ごく親しい男性同士が名前に「や」を付けて呼び合う風習がある。有東木盆踊り保存会会長の望月幹雄さん(70)も、同世代の親しい友人から「みきや」と呼ばれる。

「地域の結束が強いことの表れ」。望月さんは誇らしげに語る。「有東木の人間として、一人前になるには、まずあいさつができないとだめだ。昼に会えば『こんにちは』、夜に会えば『おしまいですか(こんばんは)』。昔は、青年団に10代後半で入って、礼儀を学んだな」

有東木の話し言葉は、同じ安倍川沿いでも、南隣の渡《ど》や平野とは異なり、上流の梅ケ島に似ているそうだ。渡や平野の住民も、有東木の年配者同士の会話はよく聞き取れないという。

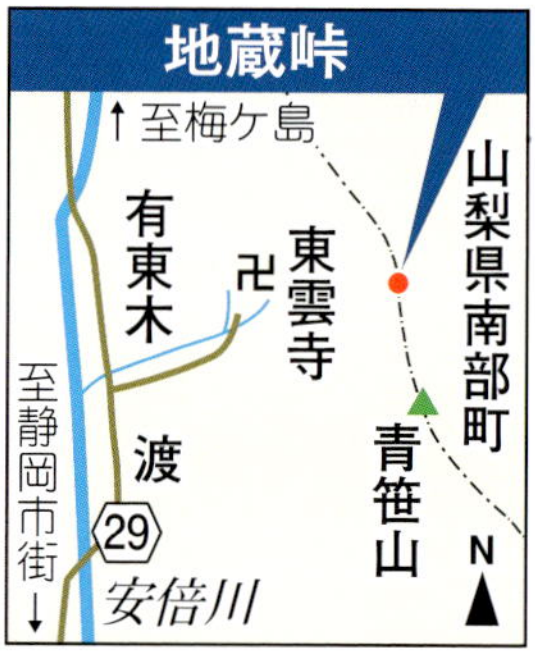

山梨県の地名が登場する有東木の盆踊りの歌詞＝静岡市葵区有東木

有東木・梅ケ島と山梨・長野両県の言葉の共通性を指摘する専門家もいる。国の重要無形民俗文化財に指定されている有東木の盆踊りの歌詞にも、「身延」「甲州河内下山村」など、山梨県の地名が登場する。「有東木や梅ケ島は、甲州や信州との付き合いが、駿府よりずっと深かった。有東木からも約1時間半、山を登って地蔵峠を越えれば、山梨に行ける」

ただ、地元の東雲寺に保管されていた過去帳など有東木の歴史を示す資料は、ほとんど残っていない。明治10年代に地区を襲った大火で、焼失してしまった。「口承されているものから、過去を推し量るしかない。だけど、文化も言葉も地域の財産。次の世代に伝えないとな」。そう言って望月さんは、居住まいを正した。

有東木地区の代表的な方言

急いで	＝メタ
乾く	＝ハシャグ
加える	＝カテル
こんばんは	＝オシマイ(デスカ)
へこむ	＝ベコム
すべて	＝スンミ
わざと	＝ハダッテ

地名にもなった「ホツ」

抑揚少なく語尾伸びる特徴

「子どもの時分、『しのよ（止めろ）』と親にしかられると、『堪忍、堪忍』って手を合わせて謝ったなあ」。小坂忠三郎さん（79）が懐かしむと、周囲が笑った――。

藁科川沿いの鍵穴地区（静岡市葵区）には、話し好きの近隣住民が集まる元駄菓子屋がある。店主だった森嘉吉さん（86）、セツさん（79）夫妻と〝常連〟の方々に、土地の言葉を聞いた。

「若いころは、早朝から山のホツ（峠）へ登って、まきやカッポシ（干し草）を運んだ。チャバラ（茶畑）でマンマ（ご飯）を食べたよ」。井沢登志子さん（73）が振り返った。「ホツ」は地名にもなっている。鍵穴を含む清沢地区と北隣の大川地区の境の丘を、地元では「テンノウボツ」と呼ぶと、嘉吉さんが補

土地の言葉について語る森嘉吉さん（右）ら＝静岡市葵区鍵穴

足した。

藁科川沿いの黒俣から〝ホツを二つ越えて〟21歳で鍵穴に嫁いだ森はるさん（88）は、結婚後に里帰りしたら「すっかり鍵穴弁になったね」と口々に指摘された。「でも、何が鍵穴弁か、もう私には分からなかった」

かつて、他地区の人たちは鍵穴を含む藁科川や安倍川、大井川上流域の人たちに共通する抑揚の少ない話し方を「ギラ」と呼んだ。小坂さんによると「ほうやあ（そうだね）」などと語尾を伸ばす点も特徴という。

「町（静岡市中心部）の人に方言をからかわれて、腹が立ったこともある」。森もとさん（75）は、苦笑いしながら打ち明けた。

「だけど、あらためて考えるとのんびりした話し方だし、魅力的かもしれんねえ」。セツさんが、空いた茶わんにキビショウ（急須）で茶を注ぎながらつぶやいた。隣の嘉吉さんが「ほうやあ」と相づちを打った。

清沢地区の代表的な方言

行く＝イッパシル
急須＝キビショウ
触る＝セセル
修繕する＝コソクル
机＝ショク
峠＝ホツ

林業現場に「おかめ」あり
徐々に消えゆく仕事言葉

青空に向かってぐんぐん伸びるヒノキやスギが立ち並ぶ安倍川支流の西河内川沿い。静岡市葵区横沢で林業を営んでいる小泉住雄さん(54)=同区梅ケ島=が、伐採した木材の運搬などに使用する鉄製滑車「スナッチ」を指さし、教えてくれた。「あの道具を現場では『おかめ』と呼ぶんだ。おかめっ面のように丸まるとした形に見えるでしょ」

おかめは、木材の運搬機をつるすワイヤを張るために必要な道具。力のかかる方向を変える「滑車の原理」を応用すれば、重い機材を運ぶこともできる。急斜面で作業する林業の現場では、欠かすことのできない「力持ち的存在」(小泉さん)になっている。

いつから「スナッチ」を「おかめ」と呼ぶようになったかは分からない。小

切りそろえられた木材の前で「おかめ」を手にたたずむ小泉さん＝静岡市葵区横沢

泉さんは、林業の道を歩み始めた30年前、師匠でもある父清高さん（80）に呼び方を教わった。「新米のころ、おやじに『早くおかめ持ってこい』と言われて、何を指しているのかさっぱり分からなかった。仕事の忙しさのあまり、口げんかになっちゃったよ」と笑いながら振り返る。

輸入材の台頭による国産材の価格低迷や後継者難。林業を取り巻く環境は年々厳しさを増している。林業従事者の引退に伴って、現場で慣れ親しまれてきた「仕事の言葉」が次世代に引き継がれることなく、少しずつ消えうせている。

「自分の代で終わらせたくない趣のある（仕事の）言葉は、若い衆にきちんと伝えていかなきゃね」。小泉さんは、いとおしそうにおかめを抱えてそうつぶやいた。

林業の現場で使用する言葉
（静岡市葵区北部）

おの＝せっとう、よき
荷かご＝しょいこ
曲がりや凸凹があって切り捨てられた商品価値の低い木片＝端ころ
裂ける＝しゃばける

落葉樹「サカヤノムスメ」
甘い香り、白い肌が由来？

木漏れ日に照らされるきゃしゃな姿に魅せられて、その白い肌に思わず手を触れた。滑らかな肌からほのかに漂う甘酸っぱい香り—。標高約250〜1000メートルの山地に点在する落葉高木コシアブラ。背丈が高く幹も太い木々がそそり立つ雑木林の中で、ほかの木とは一風変わった優雅な雰囲気を醸し出す。この木を静岡市葵区の藁科川流域では「サカヤノムスメ」と呼ぶ。

「この辺りでは『サカヤノムスコ』とも言うけど、香りが女性を連想させるためかムスメの方が定着してるね」。藁科川上流の同区坂本で生まれ育った林業宮本生一さん（64）は、清沢神社近くの林に生えた細い樹木を見詰めてそう語った。呼び名の由来については「酒屋の看板娘のように肌が滑らかだから」という説もある。

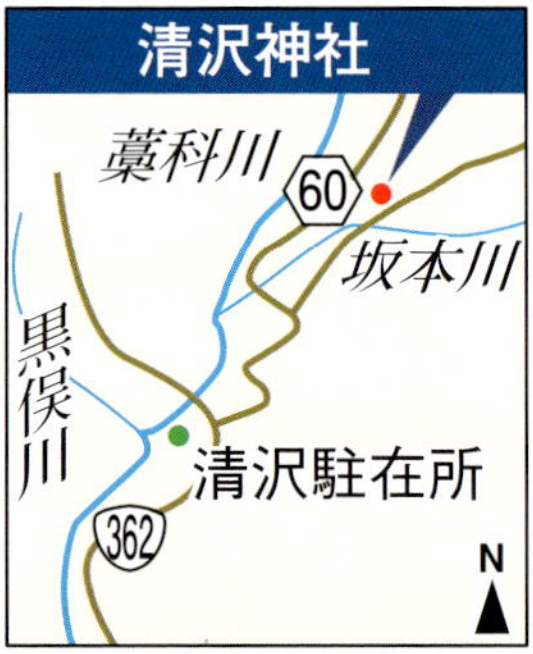

サカヤノムスメの甘酸っぱい香りを確かめる宮本さん
=静岡市葵区坂本

一方、安倍川沿いではサカヤノムスメという呼称は一般的でない。上流の同区入島で林業を営む鈴木英次さん(72)は、「芋のような柔らかい材質だから梅ケ島周辺では『イモノキ』と呼んでいる」と教えてくれた。

県内を中心に植物の呼び名を研究している野口英昭さん(76)=藤枝市=によると、紀伊半島では落葉低木のズイナをサカヤノムスメと呼ぶそうだ。「コシアブラもズイナも見栄えがいい。地域ごとのいきさつがあって、愛称が生まれたのではないか」と推測する。

コシアブラは山菜としても人気で、新芽の天ぷらやゴマあえは春の味覚として定着している。「ここ数年、若い芽がほとんど採り尽くされちゃうから木が大きく育たないんだ」。宮本さんは妙齢の女性を心配するようにため息をついた。

静岡市北部に伝わる樹木の呼び名

タラノメ=タランボウ
ホタルブクロ=チョウチンバナ
ガマズミ=ヨウスズ
ヤマボクチ=ヤマゴボウ
ヒサカキ=アクシバ
ヌルデ=アンボ

安倍川源流ツアー

森、水の大切さ学ぶ機会に

ブナやカエデが生い茂る山梨県との県境。安倍峠（静岡市葵区梅ケ島）近くの原生林を300メートルほど分け入ると、土中から水がじわじわ湧き出す場所に出る。約50キロ先の太平洋に注ぐ安倍川の水源のひとつだ。付近は国有林で、初夏には新緑、秋には紅葉を楽しみながら散策できる。

都市農村交流コーディネーターで梅ケ島地区集落支援員の斎藤雅子さん（55）は、2010年から水源見学を組み込んだグリーンツーリズムを始めた。斎藤さんは「川が生まれる瞬間を見ると心が癒やされる。周囲には希少植物も数多く生えている。手付かずの自然に触れられるのはとてもぜいたく」と話す。

ガイドを務める森林インストラクターの清水光弘さん（48）＝同区横山＝も、上流域の森林保全の大切さを訴える。「森が放置されて荒れると、雨水が地下

に蓄えられない。川の伏流水は枯渇する。特に下流の〝町〟の人たちに、自分たちの生活水を守るという意識を持ってほしい」

民宿「志むら」を営む志村満雄さん(59)は、3年ほど前からイロハモミジの苗木約200本を自宅の庭で育ててきた。今春、ツアー参加者と一緒に川沿いに植樹する。志村さんは「植樹を通じて森や水の大切さを学んでほしい」と期待している。

3人は「水源地が観光名所になるのは避けなければならない」と口をそろえる。根が踏まれて木々が衰弱する可能性があるからだ。希少植物を無断採集する人も後を絶たない。清水さんは「自然を荒らさないように散策するのが最低限のルール。できればガイド同伴で見学してほしい」と望んでいる。

「水源への敬意」が、川の恵みを受ける全ての人々に求められている。

安倍川源流を散策するツアー参加者
＝7月、静岡市葵区梅ケ島

井川の焼き畑農業
「途絶えた文化」復活へ

白みがかった青緑色の水をたたえる井川湖。西岸を走る県道60号脇の茶畑を使って、滝浪明さん(60)＝静岡市葵区岩崎、筑波大農林技術センター職員＝は、かつて盛んだった焼き畑農業を復活させようと奮闘している。

昨年末、近所の男性が高齢で栽培できなくなった茶畑約60平方メートルを借り受けた。4月の「ヤボ焼き（火入れ）」を前に、年明けから伸び放題の茶の木を伐採している。

標高が高く、稲作に不向きな土地柄。井川地区の住民は１９５０年代半ばまで、山の斜面を焼いてアワやヒエ、キビなどの雑穀を栽培し、主食にしてきた。滝浪さんは、茶畑から見える湖東岸の山を指さして「両親も、あの辺の山の斜面で、焼き畑をしていた」と回想する。

試験栽培したヒエを手に井川湖脇の焼き畑予定地の茶畑に立つ滝浪さん＝静岡市葵区岩崎

井川ダム（1952年着工）の建設工事用に道路が整備されると、その生活は一変した。静岡市の市街地との行き来が格段に便利になり、米も流通し始めた。脱穀に手間のかかる雑穀を栽培する必要性が薄れ、焼き畑農業は急速に廃れていった。現在、焼き畑農業を本格的に行う現役の農家はこの地区に一人もいない。

滝浪さんは、井川独自の焼き畑・雑穀文化を残そうと、10年ほど前から仲間と活動を続けてきた。昨年8月には地区の観光施設「えほんの郷」で、「マンガ」と呼ばれる3本歯のくわや「ヤブキリナタ」など、「焼き畑」で使う道具類を地区の住民から集めた。特産の木製弁当箱「メンパ」や狩猟道具と一緒に展示した。勤務先の敷地を借りて「ケビエ」と地元で呼ばれる焼き畑用のヒエも試験栽培している。焼き畑復活の試みもその延長線上にある。

順調なら5月にヒエやアワの種をまき、10月に収穫する。ヤボ焼き前に、焼き畑経験者の古老を訪ね、手順やこつを教えてもらうつもりだ。「ゆくゆくは昔みたいに水車を使って脱穀したい。観光客もたくさん来てほしい」

3月の定年退職後、焼き畑や雑穀文化の継承に本格的に取り組みたいと夢見ている。

玉川小の「そば祭り」

地域の食文化 児童が継承

小さな手に力を込めてそば粉を練る。麺棒に全体重を乗せて生地を伸ばし、麺を均一の幅に切る—。そばを打つ児童のまなざしは真剣そのもの。それもそのはず、今日は種まきから製粉まで、自分たちで手掛けたそばを食べられる年に1度の「そば祭り」の日だ。

安倍川支流の中河内川沿いの山あい。毎年1月に開かれる市立玉川小（静岡市葵区落合）のそば祭りには、地区の住民も参加する。やせた土地でも育ち、種まきからわずか3カ月で収穫できるソバは、玉川地区で古くから栽培されてきた。食糧難の戦後は特に盛んだったが、1955年ごろからソバ畑は激減。そば祭りは、地域の食文化を後世に残そうと、1978年に始まった。

今年は5年生の林未佳子さん（11）、原田佳奈さん（11）、篠崎勇太君（10）の

そば打ちに挑戦する児童たち。真剣なまなざしでそばを切る
＝静岡市葵区の市立玉川小

３人が、全校児童約40人を指導する「そば打ちガイド」を務めた。３人をはじめ、上級生の手際はすこぶる良い。地域住民の助けがなくてもてきぱきと作業を進める。

「生地はもちもちするまでよく練って」「麺の幅は2ミリぐらい」。３人は、手付きがおぼつかない下級生に細かくこつを伝える。「昔は山一面がソバの白色だったんだって」「食べ物がない時はソバの茎も食べたらしい」。古老から教わった知識も語り継ぐ。

そば打ちの他、児童が地域の歴史や文化を調べる地域学習にも取り組む。「児童がみんな地元に残るわけではないでしょう。ここを離れても自分が育った地域の魅力は忘れないでほしい」。おいしそうにそばを頬張る児童を見詰め、日吉弘子校長（55）はつぶやいた。

新たな清沢名物づくり
「レモンの郷」へ地域一丸

植えた時はほんの50センチしかなかった。苗木は今、1メートルを超えた。「感慨深いですね」。NPO法人フロンティア清沢の大棟鉄雄理事長(69)は、静岡市葵区清沢の元茶園に昨年植えたレモンの木の成長に目を細めた。

藁科川流域の清沢地区で地域住民のレモンの植樹活動が始まったのは4年前。耕作放棄された茶園の有効活用を目指す活動には、同法人をはじめ、市立清沢小の保護者でつくる清沢てんぐの会などが参加している。

レモンはシカやサル、カラスなど、鳥獣の食害を受けにくい。収穫が11〜3月で、地区特産の茶の摘採時期とも重ならない。数ある作物の中からそれを選んだ。

「気候が寒冷な山あいの清沢地区で、レモンは育たないのでは」。そんな心配

地区の農家の庭に実ったレモンを手に「栽培の参考にしたい」と話す尾崎さん（左）
＝静岡市葵区坂本

もあったが、これまでに植えた苗木約１００本は順調に育った。今年の秋には初の収穫を見込んでいる。千個以上のレモンを収穫できそうだ。

自信を付けた大棟理事長らは、レモンの生産・加工・販売を地域が手掛ける「清沢レモンの郷づくり」計画を昨年６月、策定した。今年３月20日に開く植樹祭を手始めに活動を本格化させる。

計画では、地域住民が地区内の空き地約１５００平方メートルに、60本のレモンの苗木を植える。生産したレモンの加工と販売は２０１３年４月に開始する予定。清沢てんぐの会の尾崎行雄代表（49）は「健康食品や化粧品など、どんな製品にレモンを活用できるか住民からアイデアを募り、形にしたい」と意気込む。

「ゆくゆくは『清沢といえば茶とレモン』と言われたい」（大棟理事長）。レモンに「夢」を託した、地域住民一丸の町おこしが進む。

「夜っぴとい神楽」

伝統存続へ他地区と連携

安倍川、藁科川、大井川上流域の各神楽保存団体が一堂に会して夜通し神楽を舞う「夜っぴとい神楽」は、毎年参加団体が持ち回りで運営を担う。2011年9月の会場は、静岡市立玉川小（同市葵区落合）に決まった。

「いろいろな種類の迫力ある舞を目の前で見たら、玉川の人たちももっと神楽に関心を持ってくれるはず」。玉川地区内で活動する横沢神楽保存会の江川進会長(59)＝同区横沢＝は、そんな期待を抱く。2003年の第1回以来、年々観客は増えてきた。神楽を習いたいという希望者も多い。

各団体間で過疎化や高齢化対策、後継者問題などについても情報交換している。「夜っぴとい神楽」が始まるまで、団体同士の横のつながりは、あまりなかった。「『自分たちが本家だ』と思って、お互いライバル視していた」。清沢

横沢神楽を優雅に舞う地区の女衆＝1月中旬、静岡市葵区横沢の御嶽神社

神楽を指導する北沢勝磨さん（58）＝同区黒俣＝は、そう打ち明ける。

参加団体中、横沢神楽保存会は最小規模の団体だ。横沢地区の住民は約40人で、保存会のメンバーも10人に満たない。安倍川支流の西河内川沿いにある御嶽神社で1月中旬に開いた神楽も、近隣の大日神楽保存会の協力を仰いだ。神楽は通常、男衆が舞う。ところが人数が足りないため、7曲中2曲は女衆が演じた。それでも、たき火で焼いたアマゴを頬張ったりおでんをつついたり。来場者は神楽を楽しんだ。

江川会長は、地元の小・中学校と連携して、子どもたちに神楽を学ばせたい―とも考えている。「神楽は地域の結束を確認する貴重な祭事。なんとか存続させたい」

固有の文化を守るため、他地区と連携しながら門戸を開く方策に、山あいの人々は活路を見いだそうとしている。

あとがき

本書は地方版連載企画「安倍・藁科川ものがたり」(全8章40回)として、2010年3月から2011年1月まで、静岡新聞静岡版に掲載された。

取材担当記者は桜が芽吹き始めた2010年初春から雪がちらつく翌年初頭にかけ、四季の移ろいを感じながら安倍・藁科川沿いの道を幾度となく行き来した。取材を重ねるうちに、川沿いの集落の営みや地域住民の生の声が重層的に浮かび上がってきた。隣接している集落間で方言や風習が違う一方、峠を通じて交流のある山向こうの集落と意外なつながりがある。北隣の山梨・長野両県との結び付きも強い。しかしいずれの地域住民も共通して「次世代に自分たちが受け継いできた文化や自然を伝えたい」という切実な思いを抱いていた。

連載時期は、地域住民が外部と協力しながら、地域再生に取り組み始めた時期と重なっている。これまで自分たちだけで守ってきた伝統文化を、多少形は変わろうとも地元の小中学校や行政、地域外の有志と協力して次世代に伝える道を選択し始めていた。地域再生の新たな息吹が、この連載には色濃く反映されている。

連載中、読者からご意見や励ましをたくさんいただいた。有益なご指摘とご教示もうかがった。紙面と連動した公式ブログを読んだハワイ在住の方から故郷を懐かしむ電子メールもいただいた。多くの人々が地元静岡の山村に伝わる文化や自然に関心を持っていることをあらためて実感した。周囲の関心の高さこそ伝統の継承や環境保護、共同体存続の強力な援軍になる。

取材にあたって、各地域の神楽保存団体、連合町内会、集落支援員、中村羊一郎静岡産業大特任教授、富山昭常葉学園大非常勤講師をはじめ識者の方々、静岡市の中山間地振興課と文化財課、安倍藁科川漁協など、数多くの関係者に大変お世話になった。取材に快く応じていただいた地元の方々にもあらためてお礼を申し上げたい。

本書を手にしたあなたが、静岡の中山間地の魅力を少しでも感じていただければ幸いである。

静岡新聞社常務取締役・大石剛

【追記】

第8章でご登場いただいた滝浪明さんは、取材直後の2011年2月上旬、不慮の事故によって亡くなられました。謹んでご冥福をお祈りします。

〈取材担当記者〉

坂本昌信、武田愛一郎、田村和資、伊豆田有希、鈴木文之、寺坂裕貴、鈴木美晴、池田泰久、小林稔和（いずれも当時社会部）

清流　安倍 藁科ものがたり

2011年6月26日

編　者　　静岡新聞社
発行者　　松井　純
発行所　　静岡新聞社
〒422-8033　静岡県静岡市駿河区登呂3-1-1
☎054-284-1666

印刷・製本　中部印刷株式会社

ISBN978-4-7838-1922-6 C0025